Roohantar

Annuradha Rakesh

BookLeaf Publishing
India | USA | UK

Made with ❤ on the BookLeaf Publishing Platform
www.bookleafpub.in
www.bookleafpub.com

Dedication

To the little hands that hold my heart —
For you, Vihaana.

Preface

दूसरी किताब लिखना, पहली किताब से अलग होता है। जो भाव अब तक सिर्फ़ दिल की तहों में गूंजते थे, वे अब पन्नों पर उतरने लगे हैं – धीरे-धीरे, लेकिन कहीं अधिक निडरता से। यह संग्रह उन लम्हों की बुनाई है, जो कभी जी लिए गए, तो कभी बस चुपचाप महसूस कर लिए गए।

"मंज़र" के बाद जब काग़ज़ फिर से सामने आए, तो पाया – कुछ एहसास अब भी अधूरे हैं। कुछ ख़ामोशियाँ थीं जो बोलना चाहती थीं, कुछ यादें थीं जो कविता बनना चाहती थीं। यह किताब – मेरे मन के उस कोने से आई है जहाँ भावनाएँ अब शब्दों से नहीं, साँसों से आकार लेती हैं। यह संग्रह उन लम्हों का है, जो जीवन के शोर में अक्सर अनसुने रह जाते हैं। यह यात्रा है – आत्मा से आत्मा तक, रूह से **रूहांतर**[1] तक। इस बार शब्दों ने न सिर्फ़ अपनी पहचान बताई है, बल्कि मेरा हाथ थामकर मुझे मेरी ही गहराइयों तक पहुँचाया है।

यह किताब, "मंज़र" की तरह – एक आत्मिक रूपांतरण की कहानी है, जहाँ हर कविता एक पड़ाव है, और हर पाठक एक सह-यात्री। यह पुस्तक एक आईना है – जिसमें मेरा ही नहीं, शायद आपका भी अक्स झलक सकता है। आप इसे पढ़ें, और अगर कहीं एक भी पंक्ति आपकी अपनी लगे – तो समझूँगी कि मैं आपके दिल तक पहुँच गई।

– अनुराधा

[1] *रूह का परिवर्तन*

Acknowledgements

यह पुस्तक एक यात्रा है – भावनाओं, अनुभवों और उन रिश्तों की, जिन्होंने इसे संभव बनाया।

कई भाव ऐसे होते हैं, जिन्हें शब्दों में कह पाना संभव नहीं – फिर भी कहना ज़रूरी होता है। **अनूप,** तुम्हारा साथ और विश्वास मेरी लेखनी को वह साहस देता रहा, जो शब्दों से परे है।

मेरी बेटी **विहाना** – जिसके स्पर्श, हँसी और मासूम सी आवाज़ ने मुझे उस प्रेम की भाषा से मिलवाया, जिसे शब्दों में बाँध पाना आसान नहीं।

उन अपनों को, जो अब इस संसार में नहीं हैं, पर जिनकी यादें और आशीर्वाद आज भी मेरे साथ हैं। और मेरी समस्त परिवारजनों का भी धन्यवाद – जिनका साथ, विश्वास और निःशब्द स्नेह हर मोड़ पर मेरी शक्ति बना।

और अंत में – उन भीतरी उलझनों और चुप्पियों को, जिन्होंने मुझे गहराई से महसूस करना सिखाया; और उन अहसासों को, जो शब्द बनकर इस पुस्तक में ढल गए।

और मेरे उन मित्रों, पाठकों और शुभचिंतकों को – जिनकी स्नेहभरी प्रतिक्रिया और मौन उपस्थिति ने इस यात्रा को अर्थपूर्ण बना दिया।

– अनुराधा

1. तुम नहीं आए

कुछ तो बात होगी,
जो तुम याद तो बार-बार आए,
पर बस तुम ही नहीं आए...

नित जतन किए,
कई प्रयत्न किए,
तुम ख्वाबों में तो आए,
पर बस तुम ही नहीं आए।

तुम्हारे आने की आहट में,
अब भी दरवाज़ा थोड़ा खुला रखा है,
जैसे कोई छुअन पीछे छूट गई हो,
या कोई बात –
जो पूरी होते-होते रह गई हो...

मैंने तकिए के नीचे रखे सपनों से कहा –
"अगर वो आए,
तो कहना मैं जाग रही थी..."
पर तुम आए ही नहीं।

खिड़की पर चिपकी ओस की बूंदों से,
हर रोज़ तुम्हारा नाम पोंछा,
धूप से पूछा,
"क्या आज भी वो नहीं आए?"

रोज़ इक चिट्ठी सी दिल में लिखी,
बिना पते के, बिना जवाब की उम्मीद के...
कुछ लफ़्ज़ रो दिए,
कुछ ख़ामोशियों ने कह दिए –
तुम होते तो बिन कहे समझ लेते,
मगर बस तुम ही नहीं आए...

हर मोड़ पे ढूंढा तुम्हें,
हर साये में पहचाना तुम्हें,
हवा जब भी गालों को छूकर गई –
उसमें भी तुम्हारी आहट सी आई...
मगर बस तुम ही नहीं आए...

शामें यूँ ही उतरती रहीं सीढ़ियों से,
जैसे कोई लौटने का वादा करके भूल जाए...
हर दस्तक पे दिल ने दरवाज़ा खोला,
हर बार खलिश[1] ने भीतर क़दम रखा...

तुम आते,
तो शायद वक़्त थम जाता,
या मैं ही चल पड़ती –
बस तुम्हारे साथ...

पर तुम याद तो आए –
हर रोज़, हर मोड़, हर बिस्तर की सिलवट पर –
मगर,
बस तुम ही नहीं आए।

[1] चुभन

2. एक एहसास और तुम

एक एहसास, जो दिल से ज़ुबां पे आते-आते दुआ बन गया,
मेरे ऐसे प्यार की शुरुआत हो तुम।

वो लम्हा नहीं था, कोई (आम सा)[1] गुज़रा हुआ,
वो इक पल था, जिसमें पूरी कायनात थम जाए।

ख़ामोशियों के दरमियाँ, जो एक आवाज़ बनी,
मेरी हर बेमतलब सी बात में छुपा, इक राज़ हो तुम।

टूटे हुए ख़्वाबों का भी, एतबार हो तुम,
बिखरी हुई दुनिया में, मेरा इक इख़्तियार[2] हो तुम।

हर रोज़ के झमेलों में, हर रात की थकान में,
जो सुकून बनके उतर जाए – वो एहसास हो तुम।

मैं शायर नहीं, मगर जब भी कुछ लिखा मैंने,
हर लफ़्ज़ के पीछे छुपा, मेरा प्यार हो तुम।

[1] साधारण, या कुछ खास नहीं, [2] अधिकार

3. रू-ब-रू

मैं तुम्हारे

शब्दों की, वो ख़ामोशी भी सुनती हूँ,
जो सिर्फ़ तुम्हारी रूह से निकलती है।
हर हर्फ़[1] में एक सांस बहती है,
हर लम्हा मुझे, तुमसे ही जोड़ती है।

कहने को तो दिल बहुत कुछ कह जाता है,
ना चाहते हुए भी, अल्फाजों में ढल जाता है।
पर जब तेरी नज़र से मेरी नज़र मिल जाती है,
जैसे कोई दुआ बिना कहे कबूल हो जाती है।

वो जो अधूरी सी बातें थीं, अब मुकम्मल[2] लगती हैं,
तेरे नाम से जुड़ी हर याद, अब ज़िंदगी सी लगती हैं।
तेरे खयालों का सूरज उगता है हर सवेरे,
और ढलता है, मेरी पलकों की शामों में धीरे-धीरे।

इश्क़ की ये कहानी अब लफ़्ज़ों से आगे है,
ये रूह की रवानियाँ[3] हैं, जो अब जिस्म से प्रदा[4] है।
अब तुम हो या ना हो, कोई फ़र्क़ नहीं पड़ता,
तेरी यादों के आईने में, हर रोज़ तुझसे रूबरू होती हूँ।

[1] अक्षर, [2] संपूर्ण, [3] बहाव, [4] दूर

4. ज़िक्र

मेरी कहानी में तेरा ज़िक्र, मुझसे ज़्यादा है,
मेरी ज़िन्दगी पर तेरे प्यार का, असर मुझसे ज़्यादा है।

मैं तो सिर्फ़ एक साया हूँ, जो तेरे नूर से रोशन है,
तेरी यादों का वजूद, मेरी हर साँस से ज़्यादा है।

मैं तो बस एक सफ़्हा[1] हूँ इस अधूरी किताब का,
तेरे नाम से भरी हर सफ़[2] मुझसे ज़्यादा है।

मेरे ख्वाब भी अब तुझसे इजाज़त लेते हैं,
उनकी उड़ान में तेरा असर मुझसे ज़्यादा है।

तेरे जाने के बाद भी जो जिंदा है मुझमें,
वो सुकून, वो दर्द, वो नज़र मुझसे ज़्यादा है।

तू नहीं है फिर भी हर पल पास लगता है,
तेरा 'न होना' भी कहीं मुझसे ज़्यादा है।

[1] पन्ना, [2] पंक्ति

5. इश्क़ और ख़ुद्दारी

तुझसे मोहब्बत का वादा मैंने
ख़ुद से किया है।
अब ख़ुद से बेवफ़ाई
आख़िर निभाऊं कैसे।

जानती हूँ मैं, तेरी बेमानी बातों को
पर फिर भी, तेरे इश्क में अपनी
ख़ुद्दारी को हर रोज़
मिटने से बचाऊं कैसे।

हां, सुनती हूँ तेरी बातों की गूंज,
सच कम, सलीका[1] ज़्यादा,
फिर भी...
तेरे नाम पर बनी जो तसल्ली है,
उसे हर रोज़ झुठलाऊँ कैसे।

दिल तो मान जाए,
पर जो मन के कोनों में ठहरा है,
तू और तेरे इश्क़ का जुनून,
और वो जो 'मैं' हूँ,

उसे तेरी यादों से बहलाऊँ कैसे।
खुद से
किया वादा, निभाऊं कैसे।

[1] स्वाभाविक ढंग

6. ख़ामोशी की आवाज़

कभी महसूस किया है?
चुप्पियाँ भी बोलती हैं।
बस, उनकी आवाज़
कानों से नहीं,
अंदर कहीं... दिल की दीवार से टकरा के आती है।

ख़ामोशी, चुप्पी
क्यों कुछ लोग
कुछ कह नहीं पाते—
दिल की खुशी या दर्द बयां नहीं कर पाते।
शायद आदत पड़ गई है
अपनी आवाज़ को भीतर ही दबा देने की।

या फिर यूँ कहो –
जब कोई सुनता नहीं,
तो बोलने की ज़रूरत ही ख़त्म हो जाती है।

मैं भी तो...
जब छोटी थी,
कुछ कहना चाहती थी –

मम्मी से, डैडी से,
उन खिलौनों से भी
जो टूटे तो थे...
मगर फेंके नहीं गए थे।

लेकिन जिनसे कहना था,
वो सब अपनी-अपनी दुनिया में
इतने मशगूल थे कि
मेरी दुनिया की खामोशी–
उन्हें सुनाई ही नहीं दी।

बहन छोटी थी, पर हाज़िर–ज़वाब थी।
उसकी बातों में रस था,
मेरी चुप्पी में प्रश्न थे।
लोग मुस्कुराते थे उसकी बातों पर –
"देखो, कितनी प्यारी बात करती है!"
और फिर मेरी तरफ देखकर कहते –
"बड़ी वाली थोड़ी शांत है..."

शांत?
या हारी हुई थी वो बच्ची –
हर बार अनसुना होने से।

एक दिन एक टीचर ने
हँसते हुए कहा –
"बोलो न, बोलने का कोई पैसा नहीं लगता,
फिर डरना क्यों!"

पर कैसे समझाती –
डर, तो मुझे मेरी भावनाओं के
अनसुना होने का लगता था।

बोलने का पैसा नहीं लगता,
मगर सुनने की क़ीमत होती है –
समय, सब्र और सच्चाई।

कुछ वक्त बीता....
एक बार मैंने बहुत हिम्मत जुटाकर
दिल की बात कहनी चाही
पर फिर एक बार–
मेरी पुकार ठुकरा दी गई।
पर अंदर का तूफान
बाहर निकालने को बेचैन था।

तो मैंने
अपनी बात
पेड़–पौधों, चींटियों और पहाड़ों से कह दी –
उन्होंने भी,
बिना टोके,
बिना सवाल किए,
सुनी –
मेरी ख़ामोशी की आवाज़–

मन जैसे सच में
अब शांत हो चला।

कदम इतने हल्के
कि अपनी उड़ान महसूस कर सकी।

लेकिन...
हर ख़ामोशी को तोड़ना
इतना आसान थोड़े ही होता है –
कुछ चुप्पियाँ तो
आँखों के पीछे बैठे दर्द से उपजती हैं।

शब्दों की भीड़ में,
कुछ जज़्बात
खुद को अकेला पाते हैं।

कभी-कभी,
ख़ामोशी दिल की जुबां होती है।
जिसे सुनने–समझने के लिए
एक दिल चाहिए।

ज़रूरी नहीं
हर कोई बोलना न चाहे –
कई बार बस कोई चाहिए होता है,
जो ख़ामोशी पढ़ सके।

7. सब जाने कहां थे?

अक्सर तो नहीं–
पर
कभी–कभी
मैंने देखा है
इन ठहाकों के पीछे,
सन्नाटे के बोल
खामोशी, कोलाहल[1]

कभी कुछ
कहा भी नहीं–
आंखों की गीली कोर
कह गई।

जब सोचा कुछ कहूँ
सब जाने कहां थे?

[1] शोर

8. फिर भी – तुम हो

जो हुआ...
उसमें तुम्हारा कोई क़ुसूर न था,
फिर भी –
सीने में सारी दुनिया समेट ली तुमने,
आँखों में काली रातें छुपा लीं।

किसी को क्या पता –
कितनी ख़ामोश लड़ाइयाँ लड़ी हैं तुमने,
कितनी बार टूट कर
ख़ुद को फिर से जोड़ा है चुपचाप।

आज –
जो यहाँ हो तुम,
ठहरी हुई नदी-सी,
फिर भी – तुम हो।

अपने होने पर,
हर साँस, हर सँभलने पर –
फक्र करो।

तुमने खुद को थामकर
फिर से जीना सीखा है।

9. कश्मीर – सांसों में धड़कता है

एक शहर...
जो नक़्शे से नहीं,
सांसों से पहचाना जाता है।
जिसे लोग जन्नत कहते हैं –
पर जहां जीना...
शायद, आज भी एक सवाल है।

एक शहर...
जो स्वर्ग से भी ज़्यादा हसीं है,
जिसका नाम है... **कश्मीर**।
मगर कुछ चेहरों को
उसकी हँसी रास नहीं आती।

कहते हैं –
है कम कुछ हवा, इन वादियों में...
पर सवाल ये है –
अगर सांसों पर भी पहरा लग जाए,
तो कोई जी कैसे सकता है?

इस शहर की जान हैं – उसके लोग,

जो मेहमान को रब का रूप मानते हैं।
जान हथेली पर लेकर भी
मुस्कुराते हैं,
खुशियों का पैग़ाम लेकर आते हैं।

वो तुम्हें अपना घर दिखाते हैं
जैसे कोई दिल दिखा दे,
वो चाय पिलाते हैं
जैसे कोई ज़ख्म पर मरहम रख दे।

जन्नत का नूर पाने को,
अपनी खुशियां बरसाने को,
हँसने, खिलखिलाने को,
कई यादें नई बनाने को,
कुछ पुराने मौसम दोहराने को,
कुछ तस्वीरें फिर से रंगने को –
लोग कश्मीर जाते हैं।

पर हर बार...
किसी मोड़ पर
एक दांव छुपा मिलता है,
किसी नज़ारे के पीछे
एक बंदूक झांकती है।

कोई और देश
चाहता है उसे...
जैसे कोई बच्चा

ज़िद में खिलौना मांगता है –
पर संजोना नहीं जानता।

कश्मीर...
हर रोज़ खुद को समेटता है,
टूटे शीशों की तरह –
कभी ख़ामोशी में,
कभी चीख़ों में।

भालों–बारूदों के घाव
अब भी ताज़ा हैं,
पर किसे,
और कैसे दिखाए?

हम...
जो उसे अपना कहते हैं,
बार–बार वहां जाते हैं,
अपने आँसुओं से
थोड़ी नमी दे आते हैं।

कश्मीर...
मेरे ख्वाबों की तरह है –
टूटा हुआ, फिर भी पूरा।
हर जख्म के नीचे
एक उम्मीद छुपी है,
हर खामोशी में
एक आवाज़ बाकी है।

घर लौटकर
लोगों को समझाते हैं –
और जब भी कोई पूछता है –
"क्या अब भी ज़िंदा है वो (कश्मीर)?"

मैं बस इतना कहती हूँ –
हाँ...
ज़रा बिखरा हुआ है,
पर अब भी अपना है।
नब्ज़ थोड़ी मद्धम हैं,
पर वो अब भी मेरी साँसों में चलता है,
अब भी मेरी शायरी में पलता है।

"कश्मीर...
हिंदुस्तान के हर दिल में धड़कता है।
मेरे दिल का टुकड़ा नहीं,
मेरा दिल ही है।"

(यह कविता न सिर्फ़ कश्मीर के ज़ख्मों को, बल्कि उसके ज़िंदा होने की पुकार को भी बयान करती है)

10. पहलगाम

पहलगाम की सुबह थी... चुप सी, धुंधली सी।
पर उस दिन धूप नहीं निकली थी – निकला था ख़ून,
मासूम साँसों का।
गिनती में छब्बीस थे, पर उजड़ा एक पूरा शहर था।

कुछ सपने, कुछ उम्रें, कुछ रिश्ते – सब बिखर गए,
और हमारी चुप्पी भी उस दिन थोड़ा डर गई।

कुछ बरस पहलें एक और तारीख़ थी – १४ फरवरी।
वैलेंटाइन्स डे नहीं... पुलवामा।
जहाँ प्रेम की जगह बारूद की महक थी,
जहाँ ४० वर्दियाँ – चलती बस में – इतिहास बन गईं।

कौन था वो जो जन्नत की ज़मीन पर,
जहरीली सोच बो रहा था?
और क्यों अब भी कुछ चेहरे –
इस ख़ून के दरिया में अपना चेहरा नहीं देखते?

लेकिन जवाब आया... ख़ामोश नहीं, गरजता हुआ।
"ऑपरेशन सिंदूर" सिर्फ़ एक कार्रवाई नहीं, एक चेतावनी थी।

नौ ठिकाने राख हुए – और उस राख से उठी थी,
एक नई सुबह... उम्मीद की लौ थामे हुए।

बालाकोट की पहाड़ियों ने भी पहली बार देखा था,
कि आकाश भी गरज सकता है –
सिर्फ़ बारिश के लिए नहीं, न्याय के लिए भी।

ये लड़ाई सिर्फ़ गोलियों की नहीं है,
ये लड़ाई उस सोच से है – जो ज़िन्दगी से डरती है।
हमारी एकता, हमारी आवाज़, और हमारे सिपाही –
हर मोर्चे पर एक ही गीत गाते हैं...

कि जब तक अंधेरा जिंदा है,
उजाले
को लड़ना होगा।

11. नायक

कहानी के हर मोड़ पर
ज़िंदगी एक नायक चुनती है।
कभी हम भी नहीं जानते
कि हमारे भीतर
एक उजाला पल रहा होता है,
जो अंधेरे की पहली चुनौती पर
जगमगाने लगता है।

ये तो वक़्त और हालात तय करते हैं
कब किसे उगना है,
एक चट्टान की दरार से
फूल बनकर।

कभी वो एक मासूम सी लड़की होती है–
जिसने बस प्रेम से भरा जीवन चाहा था,
पर एक दिन,
एक कर्कश गूंज ने उसे ख़ामोश कर दिया
कि पूरा देश उसकी चुप्पी में
अपना दु:ख सुनने लगा।
उसका सिंदूर

अब प्रतीक बन गया,
उन सबकी अस्मिता[1] का
जिन्होंने अपनों को खोकर
राष्ट्र को पाया।

कभी वो एक सिपाही होती है–
जिसकी पहचान
उसके नाम या मज़हब से नहीं,
बल्कि उसके सीने पर
सजे उस धड़कते ध्वज से होती है,
जो बताता है
कि देशभक्ति किसी एक रंग की नहीं होती–
वो हर उस दिल में होती है
जो बिना शर्त प्रेम करता है, इस मिट्टी से।

और कभी वो किसान होता है
जो बेटे को खोकर भी
बीज बोता है,
उम्मीद का।
या वो बच्चा
जो गोलियों का सामना
किताबों से करता है।
या वो माँ
जो हर विदाई में
अपना दिल लपेटकर
बेटे के बैग में रख देती है।

नायक वही नहीं होता
जो तलवार उठाए—
नायक वो होता है
जो दर्द में भी
करुणा बचाए रखे।
जो टूटकर भी
औरों के लिए सहारा बने।

कहानी के हर मोड़ पर
ज़िंदगी एक नायक चुनती है—
और कई बार,
वो
नायक हम होते हैं—
जब हम
हार मानने से इनकार कर देते हैं।

[1] पहचान

12. किसी अपने के जाने के बाद

जब कोई अपना चला जाता है,
तो सिर्फ़ वो नहीं जाता –
एक हिस्सा हमारा भी
चुपचाप उस के साथ चला जाता है।

भीड़ वही रहती है,
घर वही, रास्ते वही,
पर सब कुछ अजनबी सा लगने लगता है।
जैसे वक़्त रुक गया हो,
और हम बस देख रहे हों
अपना ही जीवन – दूर से।

नींद आती है, पर सुकून नहीं,
आवाज़ें होती हैं, पर संवाद नहीं।
हँसी भी लौटती है कभी-कभी,
पर वो पुरानी वाली नहीं।

धीरे-धीरे समझ आता है –
शोक: कोई एक क्षण नहीं,
एक यात्रा है –

जिसमें आँसू भी हैं,
और कुछ अधूरी यादें भी।

पर इसी यात्रा में
हम थामना सीखते हैं –
यादों को, ख़ामोशियों को,
और उस प्रेम को
जो कभी मरा ही नहीं।

क्योंकि जाने वाले चले जाते हैं,
पर जो पीछे रह जाता है –
वो है उनका प्यार,
जो हमें हर दिन
जिंदगी को जीना सिखाता है,
थोड़ी और संवेदनशीलता से।

13. भूली-बिसरी यादें

भुला दोगे, कहने से, भुलाई नहीं जाएंगी,
भूली-बिसरी यादें।
ठहर-ठहर के ठहराएंगी ठौर पर,
नहीं जायेंगी, ठुकराई वो यादें।

कभी सर्द हवा में सिहरकर मिलेंगी,
कभी सावन की बूंदों में घुल जाएंगी।
यादें तो मिट्टी की सौंधी महक हैं,
छू लो, मगर हाथ न आएंगी।

वो पहली बारिश में भीगी किताबें,
अब भी अलमारी में गीली पड़ी हैं।
भुला दोगे कहने से नहीं भुलाई जाएंगी,
यादें हैं, साहिब।
लौटकर... फिर भी आएँगी।

14. दो शून्य और अनंत

जब भी पत्तों पर धूप झरती है,
मैं महसूस करती हूँ आपकी खिलखिलाहट –
हल्की-सी, हवा में घुली हुई,
ठीक वैसे ही जैसे बचपन में
मेरे बालों में उंगलियाँ फेरते वक़्त
मुस्कुराते थे आप।

मैंने संभाल रखे हैं
आपके हाथों की लकीरों में रच-बस गए
कई आधे–अधूरे सपने...
वो मॉर्निंग वॉक पर मिली ओस,
वो चारपाई पर बैठकर लिखवाया गया पहला '8' –
जब दो शून्य मिलकर
हमारे रिश्ते को अनंत (∞) कर गए थे।

बरसात की वो शामें
जब बिजली चमकती थी,
और मैं डरकर आपके सीने से लग जाती थी –
वहीं आज भी सबसे ज़्यादा महफ़ूज़ पाती हूँ।

आज भी
उन सपनों की नमी से भीग जाती हूँ,
जब आपकी तस्वीर को देखते हुए
नम पलकों से पूछती हूँ –
क्या आप अब भी सुनते हैं मेरी बात?

और हर बरसी पर
मैं आपके नाम का दिया जला देती हूँ –
इस उम्मीद में,
कि उजाला लौट आए
ठीक वहाँ,
जहाँ आपने आख़िरी बार
माथे पर हाथ फेरा था।

15. मैं हूं – माँ में भी

सब सो चुके हैं...
घड़ी की टिक-टिक भी अब
तेज सुनाई देने लगी है।
पर मैं...
अब भी जाग रही हूँ।

बच्चे ख़्वाब ओढ़े सोए हैं,
खिलौने भी अब शांत है,
तकिये भी
किसी की बाहों को तरसते नहीं।

रसोई में चूल्हे की राख
ठंडी पड़ चुकी है,
और मैं–
अपने होने की तलाश में
एक प्याली चाय से नज़रें मिला रही हूँ।

दिन भर "माँ" कहलाने के बाद
अब बस "मैं" होना चाहती हूँ।

ना कोई उंगली थामे,
ना कोई नाम पुकारे,
ना कोई ज़िम्मेदारी...
सिर्फ...
एक तन्हा सुकून।

किताब हाथ में है,
पर आँखें पढ़ नहीं पा रही है,
पन्नों की जगह
मन कोई पुरानी याद
धीरे से टटोलता है—
जैसे अलमारी में से
पुरानी डायरी निकाल ली हो
बेवजह।

जानती हूँ,
कल फिर वही दौड़,
वही खिलौने,
वही जिंदगी की जद्दो-जहत
वही "माँ" की पुकारें...
पर आज—
इन कुछ लम्हों की ख़ामोशी में,
मैं अपनी धड़कनें सुनती हूँ।

सोने से ज़्यादा
जरूरी है लगता —
खुद में लौटना।

आधी रातें...
कभी-कभी
माँ की रूह का
असली ठिकाना होती हैं।

16. कहाँ गई मेरी ज़िंदगी?

आज...
चलते-चलते
यूँ ही अचानक देखा –
ज़िंदगी।

हाँ, वही ज़िंदगी,
जो कभी मेरी थी।

वो सामने से यूं गुज़र गई,
जैसे मैं सड़क किनारे खड़ी
कोई खोई हुई सी दास्तां हूँ।

बहुत कुछ था उसमें,
जो मैं जीना चाहती थी –

एक बाग़ था...
जिसमें फूल नहीं,
पर साँसें खिला करती थीं।
मैं उन्हें छूती नहीं थी,
बस दूर से महसूस करती थी।

एक बेंच थी वहाँ –
ठंडी, उदास,
पर सुकून से भरी।
मैं वहाँ बैठना चाहती थी,
बिना वक़्त की परवाह किये,
बिना किसी के फ़ोन के इंतज़ार में।

एक झील थी –
शांत, ठहरी हुई,
जैसे किसी बूढ़े फ़कीर की आँखें।
मैं एक पत्थर फेंककर
खुल के हसना, खिलखिलाना चाहती थी...
पर शायद मैं भी अब
ख़ामोश हो चुकी हूँ।

हर रोज़ ढलता सूरज
जैसे कहता हो –
"आज नहीं देखा तो क्या,
कल देख लेना।"
पर आज-कल करते करते,
वह रूह को रंग देने वाली, लालिमा
कहीं पीछे छूट गई।

और वो पक्षी...
हर शाम घर लौटते है
एक जैसे रास्ते से –

और मैं?

मैं शायद रास्ता ही भूल गई।

यही सब था
ज़िंदगी का असल मतलब।
फिर न जाने कब,
वो सब –
जो मेरे लिए बेशकीमती था,
"ग़ैरज़रूरी" बन गया।

ज़िंदगी!
तू तो वही थी –
जिसे मैं बस महसूस करना चाहती थी।
फिर तूने मुझे
खुद को क्यों
भूल जाने दिया?

और ये ज़िंदगी अब –
बेमतलब सवालों के
जवाब ढूँढने की
एक थकी हुई खोज क्यों बन गई?

17. अस्तित्व

नारी,
यह दुनिया तेरी भी है
आकाश है
दिक्[1] है
काल[2] है
माना बहुत बड़ी है
माना बहुत बढ़िया है।

किंतु मैंने भी तो गहरे पानी में
ढेला फेंका है
कुछ पानी घेरा है
मैं बाहें फैलाये खड़ी हूं
कुछ आकाश घेरा है
मैं धरा पर लेटी हूँ
कुछ धरा घेरी है

मैंने भावना से जो कुछ जोड़ा है
मैं कह सकती हूं
इतना सब मेरा है
ज्यादा नहीं कुछ

पर इस संसार में
कहीं कुछ अस्तित्व मेरा है।

[1] दिशा, [2] समय

18. माचिस है क्या?

एक चाय, पान, बीड़ी, सिगरेट की टपरी पर
आपको राष्ट्रीय एकता का
नमूना देखने को मिलता है।
यक़ीन नहीं होता आपको?
चलिए, बताती हूँ कैसे।

चार बाय चार की एक छोटी सी टपरी,
सबकी ज़रूरतों का सामान सजाए बैठी है।
जहाँ चलती दुनिया थमती है –
बस दो कशों के दरमियान।

शाम ढलते ही वहाँ
एक अजीब सा मज़मा[1] लगता है,
जैसे तन-मन की थकान भी
चाय की चुस्की में घुलने चली हो।

यहाँ आते हैं वो –
जो हँसते हैं, खिलखिलाते हैं,
और वो भी,
जो खुद से नज़रें चुराते हैं।

मैंने यहाँ हर किस्म के लोग देखे हैं –
जिनकी जेबें भारी हैं,
और वो भी,
जिनकी, सिर्फ ख्वाबों से यारी हैं।

कोई बड़ी गाड़ी से उतरता है,
तो कोई थकी हुई साइकिल से।
किसी की शर्ट से इत्र की महक आती है,
तो किसी की हथेलियों से मेहनत की गंध।

यहाँ किसी के आने-जाने पर
न रोक है, न टोक।
कोई माथे पर तिलक लगाए है,
तो कोई टोपी में नमाज़ से लौटा है।
पर यहाँ कोई कुछ नहीं पूछता –
न नाम, न मज़हब,
न जात, न ओहदा।

पूछता है तो बस –
"भाईसाहब, माचिस है क्या?"

और उस टपरी पर खड़ा भैय्या,
एक पुरानी सफ़ेद गंजी में,
कंधे पर टिका एक गमछा,
हर चेहरे को पहचानता है –
बिना नाम जाने।

ना जल्दी, ना झल्लाहट,
बस चुपचाप माचिस बढ़ा देता है,
कभी चाय थमा देता है,
कभी सुट्टा।
उसे सबकी थकान एक जैसी लगती है,
इसलिए सब बराबर लगते हैं।

यहाँ रंग है तो सिर्फ एक – लाल,
कभी बीड़ी की लौ में,
कभी होठों की कत्थई[2] मुस्कान में।

और
दिलों में एक ही गीत –
मैं जिंदगी का साथ निभाता चला गया,
हर फ़िक्र को धुएँ में उड़ाता चला गया।

शायद असली भारत वहीं साँस लेता है –
एक छोटी सी टपरी के धुएँ में।

[1] भीड़, [2] गहरा भूरा रंग

19. और, मैं वहीं मिलूंगी

आज जब विहाना को गोद में लिया,
तो एक एहसास हुआ...

धीरे-धीरे मेरी गोद तुम्हें
छोटी पड़ने लगी है।
और मेरा ये आँचल,
जिसे थामकर तुम चलती थी –
अब तुम उसे छोड़,
बहुत दूर उड़ जाओगी।

फिर एक रोज़...
तुम्हारी उंगलियाँ
किसी और हथेली को थामे मुस्कराएँगी,
और मेरी लोरी –
तुम्हारे कमरे की दीवारों से टकरा कर
ख़ामोश हो जाएगी।

तुम्हारी अलमारी में
जब मेरी दी हुई, सलवटों वाली चादर
किसी कोने में दब जाएगी,

मैं समझ जाऊँगी –
तुम अब अपने मौसमों में जीना सीख गई हो।

मगर जान-ए-मन... जान-ए-निसार...
जिस रोज़ बारिश की कोई बूँद
तेरी पलकों को छूकर
तेरी आँखों से टकराएगी,
तू पलट कर देखेगी –
और, मैं वहीं मिलूंगी...
तेरे पहले क़दम की मिट्टी में,
तेरे पहले डर की दुआ में,
तेरे पहले टूटे खिलौने के पास।

तू चाहे जितनी भी दूर उड़ जाए,
मेरी मोहब्बत की छाँव
तेरे आसमान से कभी छोटी नहीं होगी।

20. पलाश

पलाश

तुम्हारी रंगत –
जैसे किसी उदास दोपहर में
अचानक से सुनहरी कोई शाम हो जाए।

पतझड़ में खिलना क्या आसान है?
हाँ, पर तुम खिलते हो,
तो लगता है –
पतझड़ कोई मौसम नहीं,
बुलंद हौसलों का नाम है।

तुम ढाक[1] के तीन पात सही,
मगर तुम्हारा होना –
जैसे सूखी शाख़ों पर
एक उम्मीद का पैबंद[2] हो।

दिल तू यूं हार नहीं, देख ना–
हर पतझड़,
बसंत का दस्तकनामा[3] होता है।
जो टहनियाँ आज ख़ाली हैं,

कल वहीं से पलाश फूटेंगे,
अपने रंगों में वक़्त को रंगते हुए।

[1] पलाश का फूल, [2] फटी चीज़ों को सहेजने के लिए लगाया गया कपड़े का टुकड़ा,
[3] आने की सूचना, किसी बदलाव की आहट

21. अमलतास

ग़ुलाब पे तो
कई खत लिखे गए हैं,
काँटों में उलझी
कई मोहब्बतें हैं–
कुछ महकती,
कुछ चुभती हुई।

पर तुम, **अमलतास...**
तुम पे किसी ने
कोई तंज[1] भी नहीं कसा।
न कोई काग़ज़ हुआ गीला
तुम्हारे नाम से।

तुम तो बस
सड़क के किनारे
झूमते हो–
जैसे हवा ने छेड़ दिया हो तुम्हें
बेवजह।

बसंत जब थक के लौट जाता है,

और मई की धूप
पलकों पे काँपती है,
तब तुम आते हो–
बिना कोई आहट,
बिना कोई दस्तक।

पीले लिबास में
यूँ खड़े रहते हो,
जैसे कोई पुरानी याद
दिल में उतर आई हो।

कोई ख़ुशबू नहीं तुममें–
ना वो इश्क़ वाली,
ना जुदाई वाली।
पर फिर भी...
तुम्हें देख के
दिल थोड़ा ठहर जाता है।
जैसे जिंदगी का सुकून
तुम ही हो।

मंदिर की चौखट पे
जब तुम्हारी डाली चढ़ती है,
तो लगता है–
जैसे कृष्ण खुद
अपने रंग में भीग गया हो।
मैया यशोदा ढूंढती है उसे–
पर भेद नहीं पाती, पीताम्बर में

तुम हो या कान्हा।

और जो एक बार
तुम्हें देख ले—
वो हर साल
उसी मोड़ पर लौट आता है,
जहाँ धूप ज़रा कम होती है,
और अमलतास
थोड़ा ज़्यादा।

[1] एक व्यंग्यपूर्ण, चुभती हुई टिप्पणी या कटाक्ष

www.ingramcontent.com/pod-product-compliance
Lightning Source LLC
Chambersburg PA
CBHW070648240926
51846CB00003BA/823
9789373141190